EXPERIENCAS DE CIENCIA CREATIVA

PARA EL NIÑO PEQUEÑO

de Imogene Forte y Joy MacKenzie

Incentive Publications, Inc.
Nashville, Tennessee

Ilustrado por Gayle Harvey
Cubierta por Marta Drayton
Redacción de Jennifer J. Streams y Angela L. Reiner
Traducción de Interlang Translating Services, Nashville, Tennessee

ISBN 0-86530-475-0

Indice de Materias

Cómo Utilizar Este Libro 7

Cosas Vivas 9

Cosas Vivas y Cosas No Vivas 10

Cosas Vivas en Color 11

Las Partes de la Planta 12

Partes Que Faltan 13

¿Qué Tal Crece Tu Jardín? 14

Un Jardín de Flores 15

Una Huerta 16

Plantas Para Comer 17

Nuevas Plantas de Viejas Plantas 18

Plantas Que Crecen De Bulbos 19

Plantas Que Crecen De Semillas 20

Semillas 21

¿Fruta, Vegetal o Flor? 22

¿De Dónde Son Los Animales? 23

Nidos De Pájaros Y Huevos 24

Mamíferos 25

Autorretrato 26

Animales De La Granja 27

Mascotas 28

Una Mascota Especial 29

Animales Zoológicos 30

Insectos 31

Animales Desplazándose 32

Punto-a-Punto, de 1 a 30 33

Tortugas y Caracoles 34

Cubiertas de Animales 35

Dinosaurios 36

Hábitat 37

Repaso de la Sección "Cosas Vivas" .. 38

Animales Para Colorear 39

Recortar y Pegar 40

El Cuerpo Humano 41

La Piel ¿Es Sólo Una Cubierta? 42

Control de Temperatura 43

Protección de Piel 44

Pecas 45

Virus 47

Esqueleto 48

Por Dentro y Por Fuera 49

Las Partes del Cuerpo 50

El Poder del Cerebro 51

¿Cómo Late Tu Corazón? 52

Tómate el Pulso 53

Manteniéndose Sano y Saludable 54

Cuidando Tu Cuerpo 55

Buena Comida para un Cuerpo Bueno 56

Hora de Almorzar 57

Expreso de Ejercicio 58

Hora de Dormir 59

¿Sabes Por Qué La Gente Bosteza? ... 60

¡Achís! 61

Cálido o Frío 62

Hipo 63

¿Cómo Se Repara Un Cuerpo? 64

Cómo Se Curan Las Cortadas 65

Viviendo, Creciendo y Cambiando 66

Tierra y Cielo 67

Explorando 68

¿Sabes que la Tierra es Redonda? 69

Agua, Agua, Agua 70

¿Qué Hace el Día y la Noche? 71

Noche y Día 72

Para Usarse de Noche 73

Para Usarse de Día 74

Mi Estación Favorita 75

¿Qué Hace el Verano y el Invierno? ... 76

Las Cuatro Estaciones 77

Las Estaciones en Color Vivo 78

¿Qué Sabes del Sol? 79

Estrellas 80

¿Has Pedido un Deseo a una Estrella
Alguna Vez? 81

Paseo por la Luna 82

Visita Espacial 83

Nave Espacial 84

¿Sabes Cómo Se Hace La Arena? 85

Rocas 86

Rocas de Hace Mucho Tiempo 87

Estudiando Rocas 88

Aire y Agua 89

El Aire Está Por Todas Partes 90

Un Experimento con Aire 91

. . . Más Experimentos 92

Las Cosas Vivas Necesitan
El Aire Limpio 93

Elimina la Basura 94

Tacha con una Cruz
la Contaminación del Aire 95

Prevención de la Contaminación 96

Colorea el Arco Iris 97

Evaporación 98

Disolver ¿Es lo Mismo
que Desaparecer? 99

Un Experimento con Agua y Hielo ... 100

Máquinas, Imanes y Electricidad 101

¿Cómo los Utensilios Hacen Más
Fácil el Trabajo Duro? 102

Ruedas 103

Ruedas Funcionando 104

Utensilios de Granja 105

Utensilios que Ayudan a
Cuidar las Plantas 106

¿Qué Piensas? 107

Para Ti para que los Pruebes 108

¿Cuál Camión Va Más Rápido? 109

Un Plano Inclinado 110

Da Un Gran Paso 111

Mueve la Caja 112

Muchas Máquinas 113

Máquinas Que Hacen Más
Fácil El Trabajo 114

¡Menos Mal Que Tenemos Las
Máquinas! 115

¿Puedes Ver La Electricidad? 116

Cómo Nos Ayuda La Electricidad 117

Energía Eléctrica 118

Imanes 119

Ponte A Prueba 120

¿Qué Has Aprendido? 121

Las Respuestas . . .
¡Chequea Las Tuyas! 122

Este Es Mi Mundo 124

Vocabulario Para La Ciencia 125

Cómo Usar Este Libro

Instrucciones para Padres y Profesores

Los niños pequeños tienen curiosidad por entender su ambiente y son extremadamente sensibles en cuanto a él. Instinctivamente se ponen a empujar y tirar; a desmontar y tratar de volver a montar; a oler, saber y palpar las cosas que les rodean. "¿Por qué?", "¿qué?", "¿dónde?" y "¿cómo?" son palabras que ellos utilizan de la manera más natural y frecuente. Es este intercambio con el entorno que nosotros los adultos podemos alentar y fomentar o inhibir y retrasar.

Tener el tiempo para hacer preguntas, explorar, maravillarse y reflexionar es fundamental para alimentar la actitud científica de los niños pequeños. Al descubrir cada nueva maravilla científica, no deben ser empujados a abandonar un nuevo interés antes de que su curiosidad natural haya sido satisfecha. Como se les provee a los niños el tiempo y la ayuda para descubrir relaciones y llegar a conclusiones satisfactorias basadas en sus propias observaciones, exploraciones y cuestionamiento inquisitivo, se están echando los cimientos del pensamiento y de la acción científicos más tarde en la vida.

Este es el momento más importante en la vida para que los niños comprendan el mundo en que viven y el papel que ellos mismos desempeñan en el mundo. Este es el nivel del desarrollo en que los niños establecen cómo se sienten en cuanto a ellos mismos: sentimientos que perdurarán por todo el resto de su vida. Tranquiliza mucho al niño pequeño la seguridad que se puede ganar de entender que la concepción, el nacimiento y la muerte son acontecimientos naturales y normales y de aceptarse a sí mismo como organismos biológicos con funciones fisiológicas comparables a las de todos los organismos parecidos. Tal entendimiento puede extenderse a incluir medidas de salud y de seguridad además de promover el desarrollo de un concepto de sí mismo satisfactorio y expansivo.

Exponerse a la televisión, la radio y la conversación de los adultos les permite a los niños de hoy acumular una colección importante de datos científicos mucho antes de que estén preparados para ir al colegio. Muchas veces forman unas falsas impresiones de la información que adquieren de esta manera.

Este libro tiene como motivo proporcionarles a los niños unas experiencias concretas diseñadas para ayudarles a ordenar y usar con eficacia los conocimientos diseminados y conceptos aislados y a llegar a ser perspicaces y comprender bien las cosas.

Las actividades están estructuradas para promover una actitud abierta y creativa a solucionar los problemas y para desarrollar los conceptos más importantes y fundamentales de índole científica. Están planeadas con motivo de corresponder a los intereses específicos del niño creativo de edad preescolar. Su gol es alentar a los niños a aprender a formar generalizaciones que les ayuden como van ampliando sus horizontes y avanzando a nuevos niveles de curiosidad y de mayor interés en comprenderse a sí mismos y en comprender a su mundo. Las unidades pueden ser presentadas en cualquier orden con tal que la unidad entera esté tratada como un todo y que esté completada en el orden correcto antes de que se empiece otra. Las actividades en cada unidad son de tipo del desarrollo y deben completarse en la secuencia en que vienen arregladas.

Si se les proporciona a los niños frecuentes oportunidades para explorar las maravillas de la naturaleza de primera mano; de experimentar con "materiales reales"; de desarrollar los cinco sentidos de palpar, ver, tocar, gustar y oler; de expresar con palabras estas experiencias—todo esto ampliará enormemente el valor y el uso de este libro. A medida que los niños aprenden nuevos modos divergentes de pensar y se enfrentan con más de una sola alternativa para solucionar un problema y que absorben los conceptos provenidos de observar, experimentar y clasificar, desarrollarán la actitud científica que se desea. Es más, llegarán a ser jóvenes ocupados, dedicados a la creatividad y capaces de disfrutar la vida al máximo.

Cosas Vivas

Cosas Vivas y Cosas No Vivas

Todas las cosas vivas necesitan
   aire, luz de sol y agua para crecer.

Algunas cosas vivas son plantas.

Algunas cosas vivas son animales.

Dibuja un círculo alrededor de los dibujos de las cosas vivas.

Colorea las plantas.

Dibuja y colorea otra cosa no viva.

Nombre_____

Cosas Vivas en Color

Colorea diez cosas vivas.

Dibuja círculos alrededor de diez cosas no vivas.

Nombre_____

Las Partes de la Planta

La mayoría de las plantas tienen cuatro partes.

Ellas son las raíces, el tallo, las hojas y las flores o frutos.

Colorea de negro las raíces.

Colorea de marrón el tallo.

Colorea de verde las hojas.

Colorea de amarillo la flor.

Nombre_____

Partes Que Faltan

Aquí hay algunas plantas a las cuales faltan unas partes.

Dibuja las partes que faltan.

Nombra las partes.

Colorea las plantas.

CASILLA PARA PALABRAS
- raíz
- tallo
- hojas
- flor

Nombre_____

¿Qué Tal Crece Tu Jardín?

Las plantas necesitan luz, agua y aire para crecer.

Las raíces de una planta crecen hacia abajo.

Los tallos crecen hacia arriba.

Las hojas y las flores brotan de los tallos.

A medida que crecen, giran hacia la luz del sol.

Pon una cruz en los vegetales en este jardín.

Colorea las flores.

Nombre_____

Un Jardín de Flores

Dibuja un jardín lleno de tus flores favoritas.

Colorea las flores.

Escribe el nombre de una persona a quien te gustaría regalar las flores.

ESTA JARDÍNES ES PARA

Nombre_____

Una Huerta

En esta huerta, dibuja los vegetales que te gustaría comer.

Di los nombres de los vegetales.

Dibuja un círculo alrededor de tu vegetal favorito.

Nombre_____

Plantas Para Comer

Haz una cruz en las raíces que comemos.

Colorea de verde las hojas que comemos.

Traza un círculo alrededor de las frutas que comemos.

Traza una casilla alrededor del tallo que comemos.

Nombre_____

Nuevas Plantas de Viejas Plantas

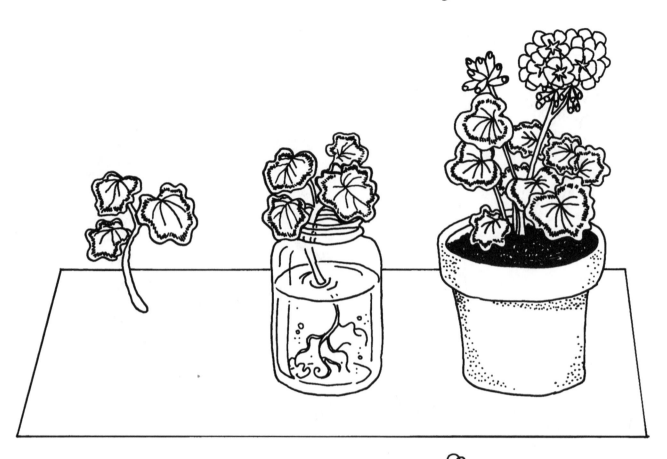

Algunas plantas pueden empezarse de grajos.

Un gajo se mete en agua hasta que salgan raíces y luego se planta en la tierra.

Los geranios pueden cultivarse de un gajo.

Haz un dibujo de otra planta que puede cultivarse de un gajo.

Nombre_____

Plantas Que Crecen De Bulbos

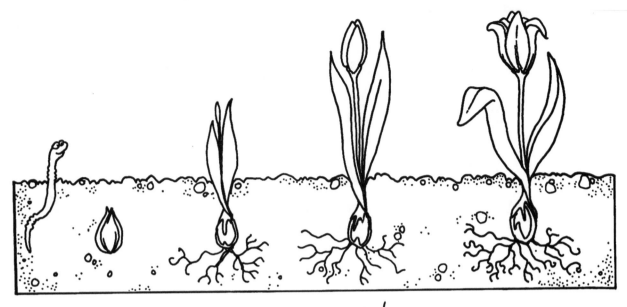

Algunas plantas pueden cultivarse de bulbos.

Un bulbo se parece a una bola de raíces cubiertas de pequeñitas hojas secas.

Realmente es un capullo subterráneo cubierto de escamas de capullo.

Cuando plantas el bulbo en la tierra, una nueva planta crece.

Los tulipanes crecen de bulbos.

Haz el dibujo de otra planta que crece de un bulbo.

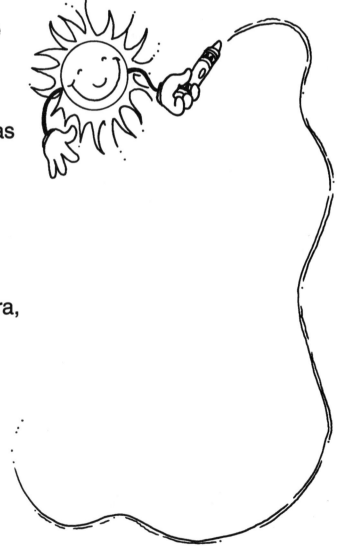

Nombre_____

Plantas Que Crecen De Semillas

Muchas plantas crecen de semillas.

Es extraño pensar que los grandes árboles crecen de pequeñas semillas, pero así es.

Aquí hay algunos dibujos de cosas que crecen de semillas.

Dibuja otra planta que crece de una semilla.

¿Has buscado alguna vez la estrellita mágica en una manzana?

Si cortas una manzana por la mitad, verás una estrellita con cinco puntos.

Cuenta el número de semillas en la estrellita.

Hay ___ semillas en la estrellita dentro de una manzana.

Nombre_____

Semillas

HABA

MELOCOTÓN

GIRASOL

CALABAZA

CACAHUETE

SANDÍA

NUEZ

MANZANA

¡ME ENCANTAN LAS SEMILLAS!

DIENTE DE LEÓN

Aquí hay unas semillas.

¿Cúantas de ellas has visto ya?

Haz una cruz en la semilla más grande.

Traza un círculo alrededor de la semilla más pequeña.

Nombre_____

¿Fruta, Vegetal o Flor?

Haz una cruz en el dibujo que no es una fruta.

Haz una cruz en el dibujo que no es un vegetal.

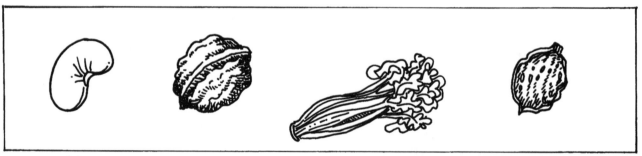

Haz una cruz en el dibujo que no es una semilla.

Haz una cruz en el dibujo que no es una flor.

Nombre_____

¿De Dónde Son Los Animales?

Algunos animales salen del cascarón.

Algunas madres de las crías que salen del cascarón buscan
comida para sus criaturas.

Otras no.

Haz un dibujo de otro animal que sale del cascarón.

Nombre_____

Nidos De Pájaros Y Huevos

Los pájaros madres hacen nidos para sus huevos.

El nido es el primer hogar del polluelo.

¿Sabes tú de qué se hacen los nidos?

Dibuja un pájaro madre y unos polluelos en este nido.

Nombre_____

Mamíferos

Algunos animales nacen vivos.

Antes de nacer su madre los lleva dentro de ella.

Los científicos usan la palabra mamíferos para estas crías.

Todos los mamíferos tienen pelo y amamantan a sus crías.

Los gatos son mamíferos.
Sus crías se llaman gatitos.

Dibuja dos gatitos.

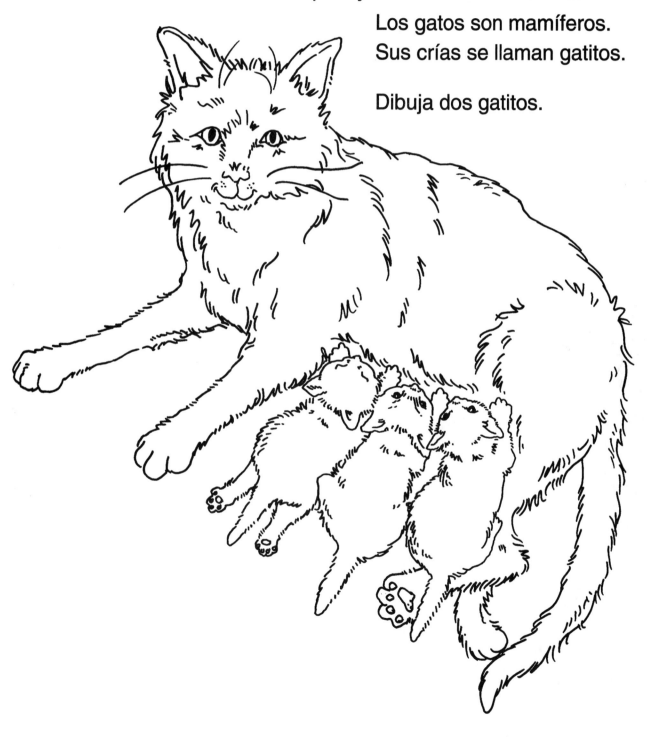

Nombre_____

Autorretrato

¿Sabías que tú eres un mamífero?

Haz un dibujo de ti mismo aquí y escribe tu nombre.

Nombre_____

Animales De La Granja

Aquí hay un establo y un corral.

Dibuja algunos animales para el corral.

¿Puedes decir qué saca el granjero de cada uno de los animales que dibujaste?

Nombre_____

Mascotas

Las mascotas son animales que viven en la casa con las personas.

Colorea los animales que serían buenas mascotas.

Haz una cruz en los otros.

¿Puedes decir por qué un elefante no sería una buena mascota?

Nombre_____

Una Mascota Especial

Haz un dibujo de una mascota que te gustaría tener.

Ahora, cuenta una historia acerca de la mascota
que dibujaste.

Nombre_____

Animales Zoológicos

Algunos animales viven en parques zoológicos.

El guarda trata de hacer el nuevo hogar del animal lo más parecido posible al que antes tenía.

Traza una línea de cada animal al dibujo de su hogar natural.

Di el nombre de cada animal y el nombre de cada hogar.

Nombre_____

Insectos

Los insectos son animales.

Todos los insectos tienen tres partes del cuerpo principales más seis patas.

Algunos insectos son útiles para las personas.

Algunos insectos hacen daño a las personas.

Traza un círculo alrededor de los insectos.

¿Puedes nombrarlos?

Nombre_____

Animales Desplazándose

Los animales tienen distintos modos de desplazarse.

Algunos de ellos saltan, algunos se arrastran, algunos nadan y otros van a pie.

¿Cuántos de estos modos de desplazarse has observado?

Colorea los dibujos de animales que vuelan.

Haz un dibujo de un animal que nada.

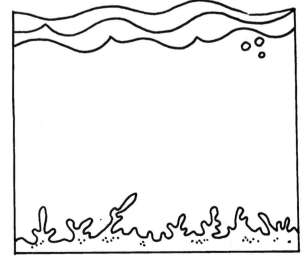

Nombre_____

Punto-a-Punto, de 1 a 30

Dibuja una línea de punto a punto para encontrar un animal que come las dos cosas: plantas y otros animales.

Nombre_____

Tortugas y Caracoles

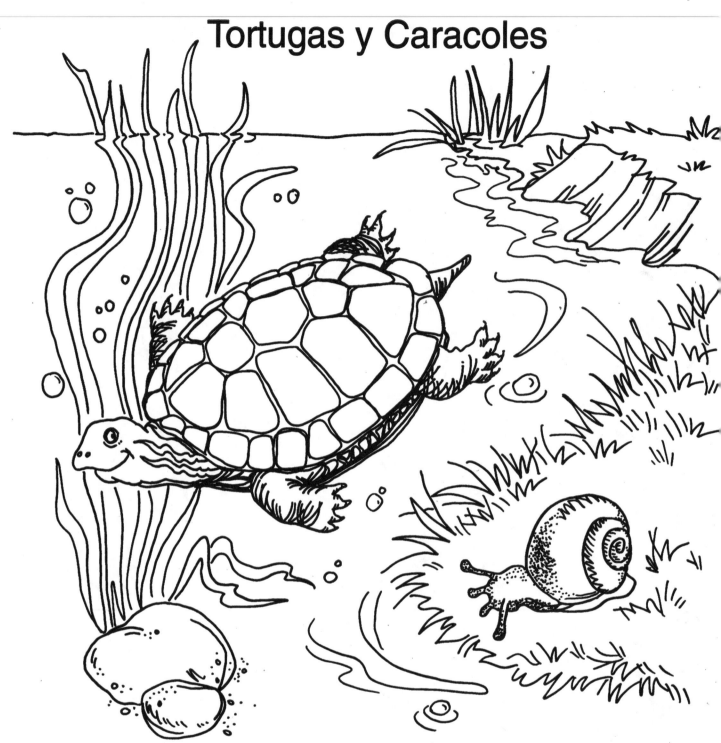

Algunos animales usan su cubierta como protección.

Las tortugas retraen las patas y la cabeza en su concha si se las toca.

Los caracoles pueden retraer el cuerpo entero en su concha.

¿Has tocado ya un caracol?

Colorea la concha del caracol.

Nombre_____

Cubiertas de Animales

Los animales tienen muchos tipos distintos de cubierta.

Haz una cruz en los animales que tienen una cubierta de plumas.

Colorea los dibujos de los otros animales.

¿Cuántos de estos animales puedes nombrar?

Nombre_____

Dinosaurios

Los grandes animales que vivieron en la tierra
hace mucho tiempo se llamaron dinosaurios.

Di esta palabra tan grande. Escríbela.

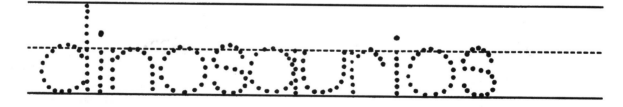

¿Puedes decir por qué los dinosaurios no están vivos hoy?

Colorea el dibujo.

Nombre_____

Hábitat

¿Puedes decir lo que significa la palabra <u>hábitat</u>?

Un <u>hábitat</u> es un hogar para cosas vivas.

Colorea dibujos de los animales en su hábitat natural.

Nombre_____

Repaso de la Sección "Cosas Vivas"

Las plantas y los animales son cosas vivas.

Se necesitan los unos a los otros para mantener el equilibrio de la naturaleza.

Haz una cruz en el dibujo que no es una planta.

Haz una cruz en el dibujo que no es un animal.

Haz una cruz en el dibujo que no es una cosa viva.

Nombre_____

Animales Para Colorear

Usa tu lápiz de color azul para colorear el animal que vive en el océano.

Usa tus lápices de color marrón y amarillo para colorear el animal que vive en la jungla.

Usa tu lápiz de color verde para colorear el animal que vive en el desierto.

Usa tu lápiz de color negro para colorear el animal que vive en el bosque.

Nombre_____

Recortar y Pegar

Recorta los dibujos al pie de la página y pega cada uno en su hábitat natural.

Colorea la escena.

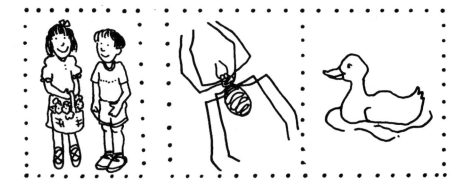

El Cuerpo Humano

La Piel ¿Es Sólo Una Cubierta?

Todos los animales tienen algún tipo de cubierta en el cuerpo.

Las personas tienen piel.

La piel es maravillosa porque puede hacer tantas cosas.

Mira la piel en tu cuerpo y piensa en estas cosas.

La piel cabe a la perfección.

No es ni demasiado grande ni demasiado pequeña.

El tamaño es perfecto.

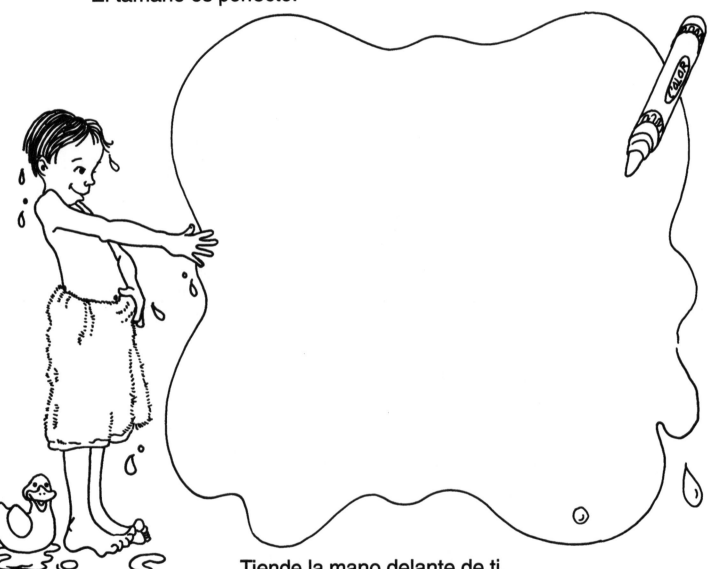

Tiende la mano delante de ti.

Mueve los dedos y mira como la piel se mueve.

Dibuja alrededor de tu mano aquí.

Mira la piel en tu mano mientras dibujas.

Nombre_____

Control de Temperatura

¡La piel es impermeable!

Si no lo fuera, ¡podrías absorber agua en la bañadera!

Piensa en esto la próxima vez que te bañas.

La piel te mantiene a la temperatura correcta.

Mantiene el calor de tu cuerpo cuando hace frío y te deja sudar para refrescarte cuando hace calor.

Haz un dibujo de ti mismo vestido para cuando hace frío.

Nombre_____

Protección de Piel

La piel es fina donde debe de ser—
por ejemplo en los párpados—
y gruesa en otros sitios donde
necesitas más protección—tal
como en la palma de la mano
o en la planta del pie.

La piel te protege de los microbios,
del calor del sol y de muchas
cosas que hacen daño.

Toca la piel en tus brazos y en tus
piernas. ¿Cómo se siente?

Haz un dibujo de ti
mismo vestido
para cuando
hace calor.

Nombre_____

Pecas

Casi todo el mundo tiene algo debajo de la piel
que se llama <u>pigmento</u>.

El pigmento es color.

Cuando estás fuera en el sol, el sol hace salir un poco
del pigmento en tu piel y te bronceas.

Las pecas son pequeñitas manchitas en la piel ahí donde
hay pigmento de más.

Algunas personas tienen pecas, otras no.

Dibuja unas pecas en la cara de un niño.

Nombre_____

Aquí hay algunas caras en las cuales puedes dibujar pecas . . .

Escribe la palabra <u>pecas</u>.

_____

- -

_____

Escribe la palabra que dice lo que hace las pecas.

_____

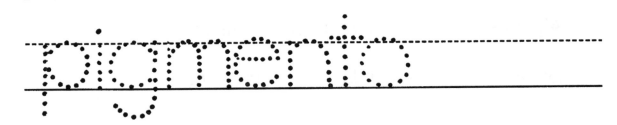

Nombre_____

Virus

Una verruga es un pequeño bulto en tu piel.

No hace daño y muchas veces desaparece sola.

¿Qué más cosas sabes de las verrugas?

Los científicos piensan que un virus en la piel
puede causar verrugas.

Un virus es un microbio. Es demasiado pequeño
para ver.

Oirás hablar a las personas cuando tienen un
virus.

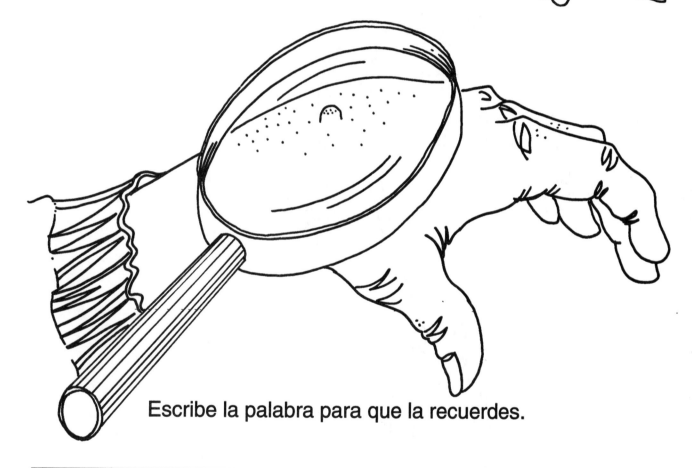

Escribe la palabra para que la recuerdes.

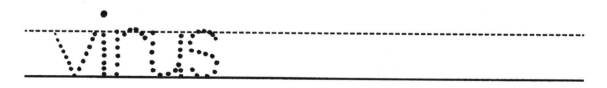

Nombre_____

Esqueleto

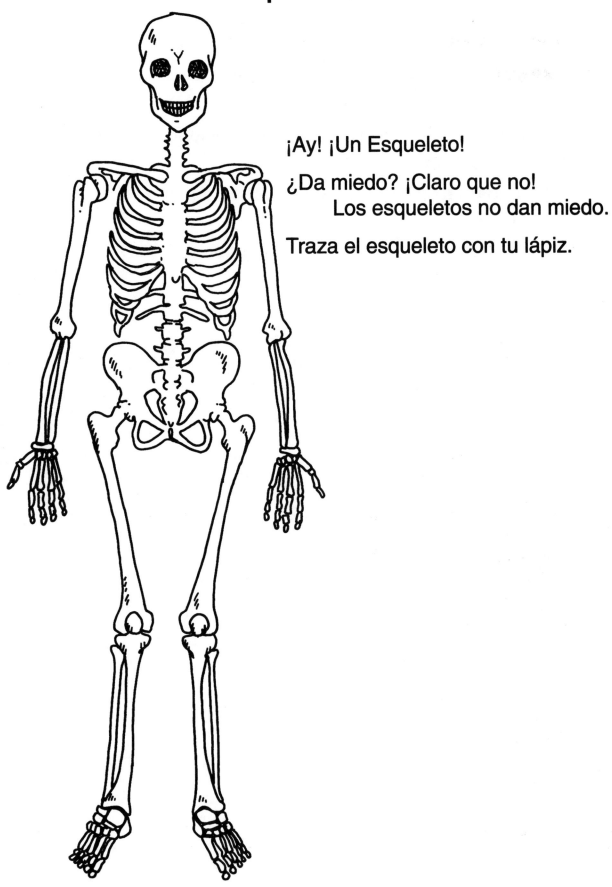

¡Ay! ¡Un Esqueleto!

¿Da miedo? ¡Claro que no!
　　　Los esqueletos no dan miedo.

Traza el esqueleto con tu lápiz.

Nombre_____

Por Dentro y Por Fuera

¿Sabes que éste es un dibujo de cómo pareces por dentro?

Si pudieras quitar tu piel y llevar solamente tus huesos, parecerías algo así.

Todos tus huesos juntos se llaman tu <u>esqueleto</u>.

Colorea el esqueleto.

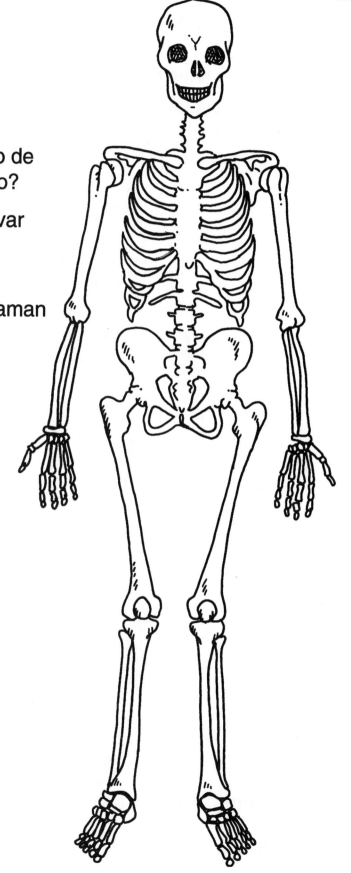

Las Partes del Cuerpo

Mueve los dedos
del pie,
Ráscate la cabeza,
Dobla los codos,
Ahora ¡dame
la mano!

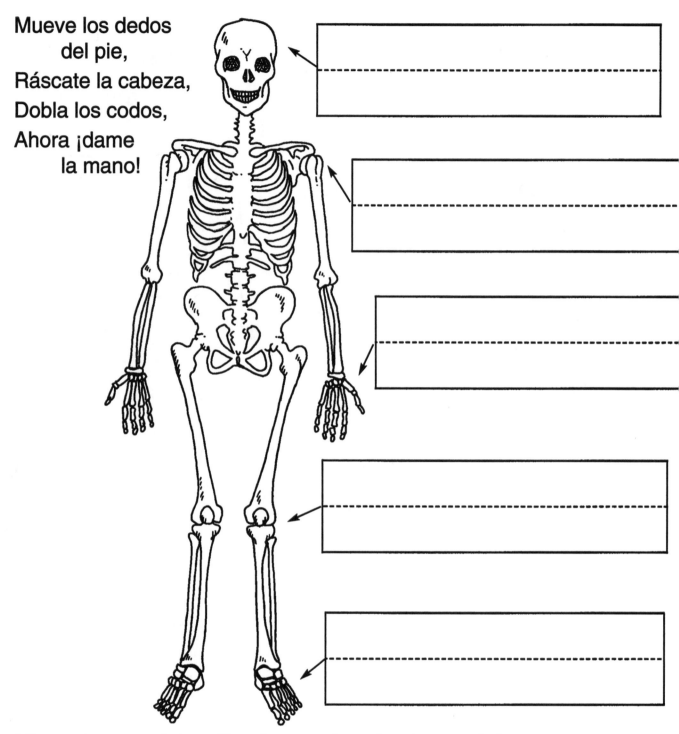

Mira este esqueleto. ¿Puedes nombrar las partes del cuerpo que se señalan con las flechas?

Usa estas palabras para ayudarte a nombrar las partes del cuerpo.

Cabeza   Mano   Rodilla   Hombro   Pie

Nombre_____

El Poder del Cerebro

¿A qué se parece este dibujo?

Podrías pensar que es
una esponja.

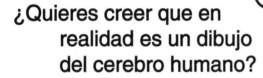

¿Quieres creer que en
realidad es un dibujo
del cerebro humano?

Tu cerebro es una parte muy importante de tu
cuerpo porque dice a todas las otras
partes cuándo y cómo trabajar.

Tu dedo o tu ojo o tu mano o tu pierna -
ninguna parte tuya puede mover hasta
que el cerebro le diga que mueva.

Escribe el nombre de esta parte
importante de tu cuerpo.

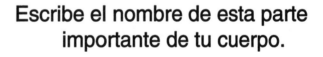

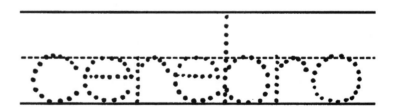

Nombre_____

¿Cómo Late Tu Corazón?

Llamamos esto un corazón

PERO

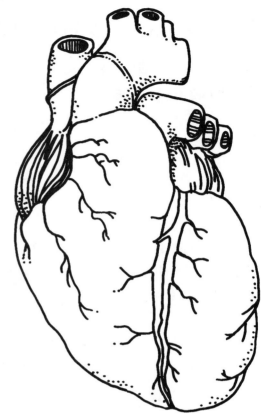

si pudiéramos ver un corazón humano, parecería algo así.

El corazón es un músculo.

Funciona como una bomba para mover la sangre por el cuerpo.

Cada vez que bombea, oimos un latido.

Tu corazón late más de 100,000 veces cada día.

¿Has escuchado el latido de tu corazón alguna vez?

Escribe la palabra para ayudarte a recordar este músculo importante.

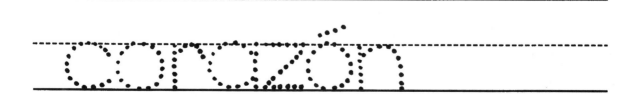

Nombre_____

Tómate el Pulso

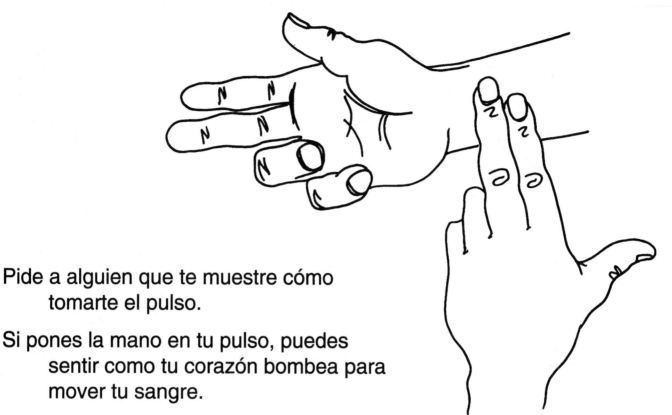

Pide a alguien que te muestre cómo
tomarte el pulso.

Si pones la mano en tu pulso, puedes
sentir como tu corazón bombea para
mover tu sangre.

Tómate el pulso mientras quedas sentado.

Luego da unos saltos.

Ahora vuelve a tomarte el pulso.

¿Qué sucede?

¿Por qué?

Nombre_____

Manteniéndose Sano y Saludable

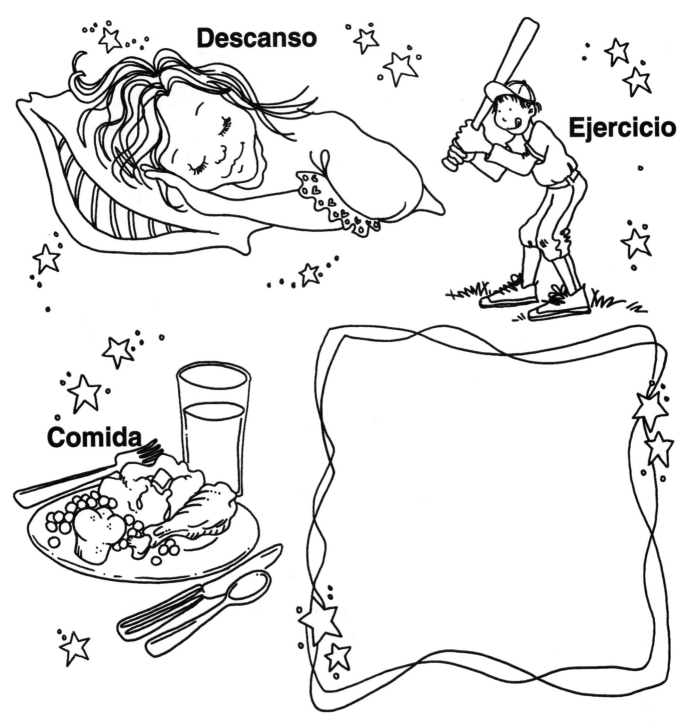

Descanso

Ejercicio

Comida

Estos dibujos muestran algunas cosas que los seres humanos necesitan para mantenerse sanos y saludables.

Haz un dibujo de ti mismo haciendo algo saludable.

Nombre_____

Cuidando Tu Cuerpo

Los seres humanos necesitan cuidar sus cuerpos para que todas las partes funcionen bien.

Aquí hay algunos dibujos de cosas que se puede hacer.

Haz un dibujo de ti mismo haciendo algo para cuidar tu cuerpo.

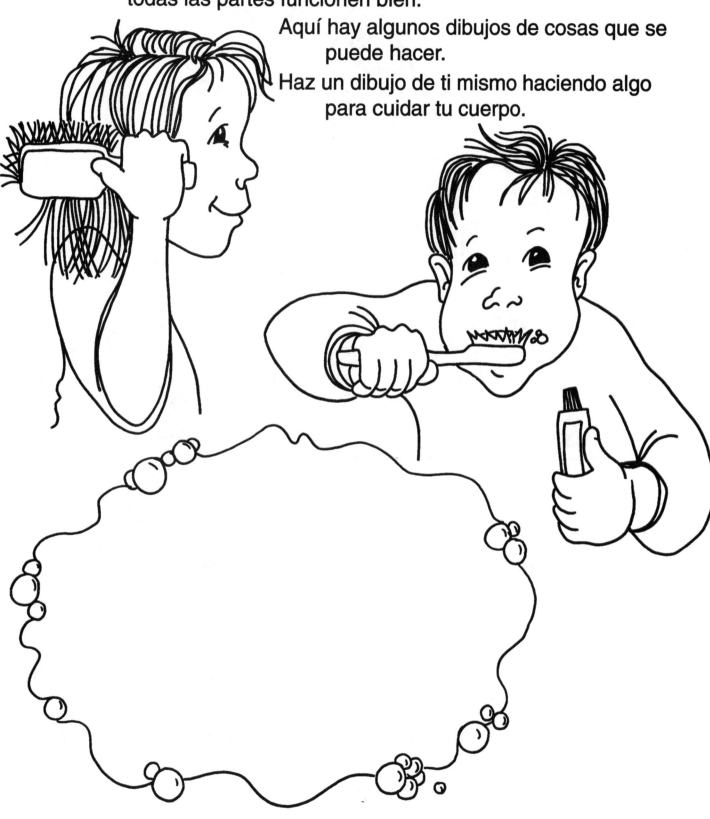

Nombre_____

Buena Comida para un Cuerpo Bueno

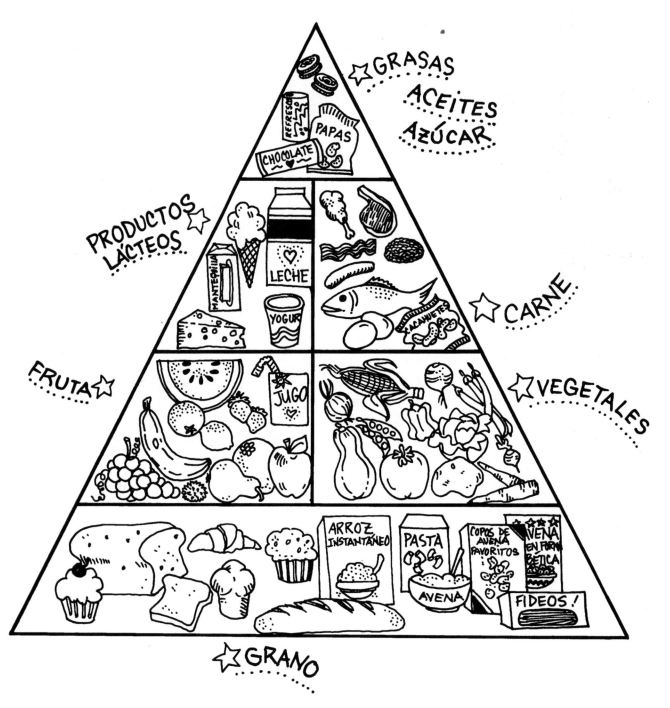

La buena comida y hábitos alimenticios regulares son muy importantes para el cuerpo humano.

¿Comiste algo de cada uno de los principales grupos alimenticios ayer?

Colorea los dibujos y piensa en tu propia dieta.

Nombre_____

Hora de Almorzar

Haz dibujos que muestran unos almuerzos sanos y equilibrados para cada una de estas personas.

57

Expreso de Ejercicio

¿Sabes lo que le sucede a tu cuerpo si no haces suficiente ejercicio?

Sigue los puntos para descubrir un buen modo de ejercitar.

Luego haz un dibujo de ti mismo haciendo ejercicio de la manera que más te gusta.

Nombre_____

Hora de Dormir

Tu cuerpo duerme cuando necesita descansar.

Cuando se cansa demasiado para funcionar correctamente, necesita ir más despacio.

Cuando duermes, todas las partes activas de tu cuerpo funcionan más despacio para que puedan descansar.

¿Descansas lo suficiente? Haz un dibujo de ti mismo en la cama.

Nombre_____

¿Sabes Por Qué La Gente Bosteza?

A veces cuando estás cansado, bostezas.

A veces bostezas cuando no estás muy cansado.

Tu cuerpo simplemente necesita un poco de aire fresco.

Cuando bostezas, aspiras una buena bocanada de aire fresco y exhalas otra bocanada de aire.

Haz un dibujo de ti mismo bostezando.

Nombre_____

¡Achís!

¡Achís!

He aquí un poema
sobre estornudos.

Recítalo.

Enséñalo a un amigo.

¡Es divertido hacerlo!

Estornudos

Estornuda ¡achís! . . . Estornuda ¡achís!
Tú no escoges el momento de estornudar.
¡Viene espontáneo!
Tú puedes brincar, tú puedes correr,
Pero no hay manera de pararlo.
Estornuda ¡achís! . . . Estornuda ¡achís!

¿Qué sucede para hacerte estornudar?

Los estornudos te sorprenden y no tienes más remedio que dejarlos
suceder.

Estornudas cuando algo te entra en la nariz que no debe de estar
allí. Puede ser una mota de polvo o suciedad. Pica los nervios
en la nariz y te hace estornudar para hacer salir la suciedad.

Nombre_____

Cálido o Frío

Cuando hace calor, tu cuerpo transpira por pequeñitas aberturas en la piel que se llaman poros.

Cuando hace frío, esos poros cierran. Y cuando tienes mucho frío, los músculos de tu cuerpo mueven de por sí para calentarte.

Eso es lo que se llama tiritar.

Haz un dibujo de un cachorro que tirita.

Nombre_____

Hipo

¿Es difícil hipar?

¡Ay! ¡No!

¡Es difícil parar!

¿Sabes lo que te hace hipar?

Cuando respiras, un músculo que se llama tu diafragma empuja y tira el aire dentro y fuera de tus pulmones.

A veces tu diafragma da una sacudida. Cuando lo hace, empuja un soplo de aire fuera más allá de tu laringe y te da "hipo."

Nadie sabe un método seguro de parar de tener hipo.

La gente prueba varias cosas.

A veces tomar un trago largo de agua puede ayudar.

¿Has tratado alguna vez de parar de tener hipo?

¿Cómo lo hiciste?

Escribe la palabra y trata de recordar qué es lo que te hace hipar.

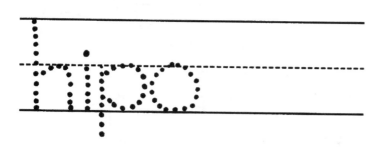

Nombre_____

63

¿Cómo Se Repara Un Cuerpo?

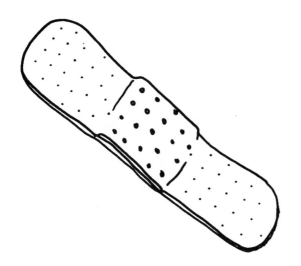

El cuerpo de un animal es una de las muy pocas cosas que pueden repararse solas cuando se hace daño.

Cuando te cortas el dedo, lo limpias, lo vendas y . . .

¡ABRACADABRA!

Como por encanto, cuando te quitas el vendaje algunos días después, la cortada está curada.

En un poquito más de tiempo, ya no puedes ver donde estuvo la cortada.

¡INCREÍBLE!

Pero ¿cómo logra hacerlo el cuerpo?

Nombre_____

Cómo Se Curan Las Cortadas

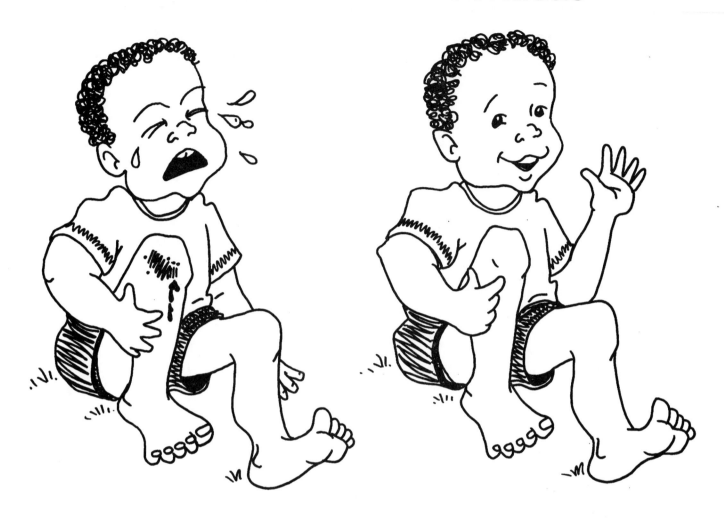

Tan pronto como te cortas el dedo, empieza a sangrar.

Pequeñas células y fibras en la sangre empiezan a pegarse para espesar la sangre.

Finalmente la sangre se endurece y hace una cubierta - una costra - sobre la cortada.

La costra protege la cortada mientras otras células trabajan por debajo y dentro de la piel para curar ella cortada.

¡Cuando la cortada se cure, la costra se cae!

¡AH!

Nombre_____

Viviendo, Creciendo y Cambiando

Tú eres una cosa viva y creciendo.

Tu cuerpo está cambiando todo el tiempo.

Haz un dibujo que demuestre cómo crees que parecerás
  en diez años.

Trata de imaginar cómo serás tú cuando te crezcas, cómo
  será tu pelo y cómo tu cara cambiará.

Nombre_____

Tierra
y
Cielo

Explorando

¡Sé explorador!

Da un paseo.

Busca cosas vivas.

Quizás verrás una mariposa o una telaraña.

Si tienes suerte, puedes oír cantar un sinsonte u oler
    la flor de la madreselva.

Colorea todas las cosas vivas en este dibujo.

Nombre_____

¿Sabes que la Tierra es Redonda?

Está cubierta de agua, tierra, rocas, plantas y animales.

Las formaciones muestran donde está la tierra.

El resto es agua.

Colorea todo de azul excepto las formaciones.

Nombre_____

Agua, Agua, Agua

¿Notaste que coloreaste de azul más que la mitad de la Tierra?

Eso es porque la mayor parte de la Tierra está cubierta de agua.

¿Puedes pensar en algunas plantas y en algunos animales que viven en el agua y que no podrían vivir en la tierra?

Haz un dibujo de dos cosas que viven sólo en el agua.

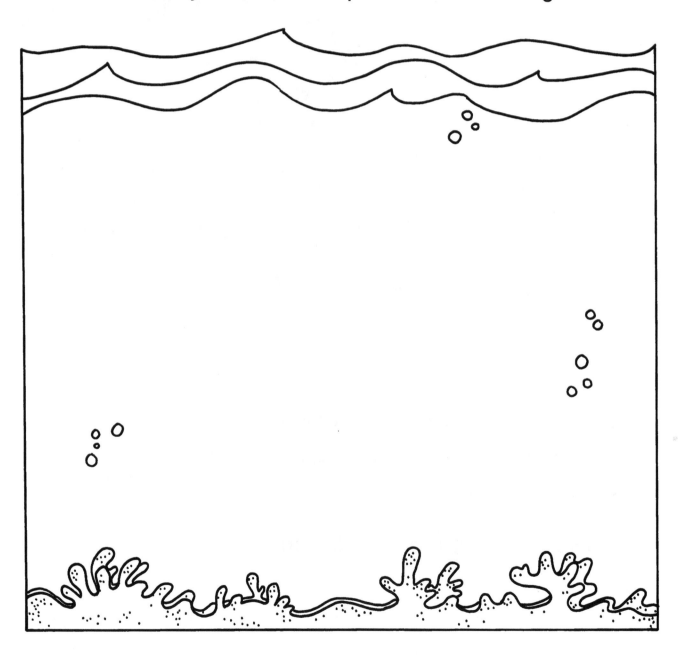

Nombre_____

¿Qué Hace el Día y la Noche?

La Tierra está girando lentamente todo el tiempo.

Cuando la parte en que nosotros vivimos gira hacia el sol, es de día.

Cuando se aparta del sol, es de noche.

¿Sabes cuánto tiempo tarda la Tierra en dar una vuelta entera?

Colorea el sol amarillo.

Nombre_____

Noche y Día

Usa tus lápices de color para que este dibujo sea de día.

Usa tus lápices de color para que este dibujo sea de noche.

Nombre_____

Para Usarse de Noche

Aquí hay dos cosas que sólo utilizarías de noche.

Haz un dibujo de otra cosa más que utilizarías cuando hace de noche.

Colorea los dibujos.

Nombre_____

Para Usarse de Día

Estas dos cosas se utilizarían cuando es de día.

Haz un dibujo de otra cosa más que utilizarías cuando brilla el sol.

Añade el sol al dibujo.

Nombre_____

Mi Estación Favorita

Primavera, verano, invierno, otoño,
        ¡a mí me gusta _____ más!

Haz un dibujo aquí para mostrar la estación que más te gusta.

Usa tres lápices de color para colorear el dibujo.

Nombre_____

¿Qué Hace el Verano y el Invierno?

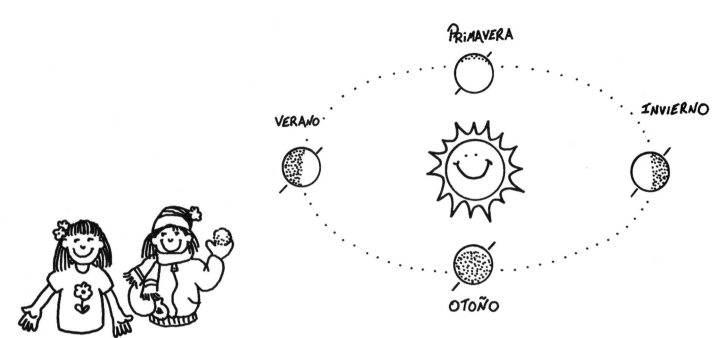

La Tierra se inclina hacia el sol de modo que a ciertas veces el sol brilla más directamente en la Tierra que a otras veces.

En verano, el sol brilla directamente en la Tierra.

Cuando los rayos del sol no son muy directos, es invierno.

La primavera y el otoño están en medio.

Escribe los nombres de las cuatro estaciones.

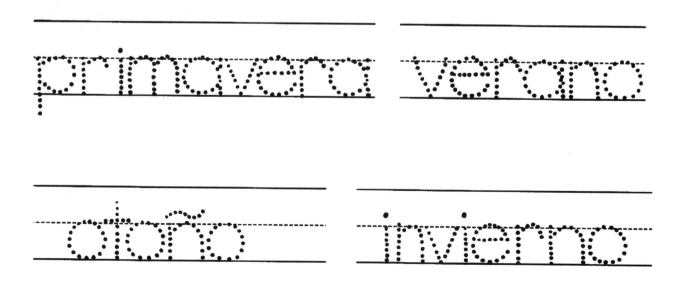

Nombre_____

Las Cuatro Estaciones

Las flores del manzano
huelen bien en primavera.

Las comidas y fiestas al aire libre
son divertidas en verano.

Las hojas
son bellas en otoño.

La nieve y el hielo
crean un país de las maravillas en invierno.

Colorea los dibujos.

Nombre_____

Las Estaciones en Color Vivo

Usa todos tus lápices de color para que cada dibujo represente una estación distinta.

Nombre_____

¿Qué Sabes del Sol?

El sol es una estrella.

Parece t-a-a-n grande porque es la
estrella más cerca de la Tierra.

Es una estrella de día.

Haz un dibujo de algo que te guste hacer
cuando brilla el sol.

Nombre_____

Estrellas

Las estrellas que vemos de noche brillan también de día.

No podemos verlas hasta que nuestra parte de la Tierra se aparte del sol. ¿Puedes decir por qué?

Dibuja más estrellas.

Dibújate a ti mismo en el dibujo.

Nombre_____

Experiencias de Ciencia Creativa   80

¿Has Pedido un Deseo a una Estrella Alguna Vez?

ESTRELLA CLARA,
ESTRELLA BRILLANTE,
ERAS LA PRIMERA ESTRELLA
QUE YO VEO ESTA NOCHE.

YO DESCO, YO DESCO...

¡QUE ESTE DESCO
SE CUMPLA
ESTE NOCHE!

Escribe aquí tu deseo.

_____

_____

_____

_____

Nombre_____

Paseo por la Luna

Los científicos han aprendido mucho sobre la luna poniendo cámaras en cápsulas espaciales para sacar fotografías de la luna.

Una de las cosas que hemos aprendido es que no hace viento en la luna y tampoco hay nubes.

También sabemos que la luna es suficiente dura para que se pueda pisar en ella.

¿Puedes decir cómo sabemos esto?

Colorea el cielo nocturno azul. Colorea la luna y las estrellas amarillas.

Nombre_____

Visita Espacial

Hace much tiempo la gente creía que la Tierra era plana.

Hoy día los científicos lanzan cohetes en el espacio para sacar fotografías de la Tierra.

Las fotos muestran que en realidad la Tierra es redonda igual que una pelota.

¿Te gustaría viajar en el espacio?

Haz un dibujo para mostrar lo que tú crees que harías allí.

Nombre_____

Nave Espacial

Acaba este dibujo para mostrar cómo tú crees parecería una nave espacial en la cual podrías viajar.

Añade tres cosas al dibujo que tú llevarías contigo en el espacio.

Nombre_____

¿Sabes Cómo Se Hace La Arena?

Una playa de arena consta de muchas piedrecitas.

Estas piedrecitas que nosotros llamamos <u>arena</u> son el producto de grandes rocas y de la fuerza de agua y viento.

Se requiere muchos, muchos años para que esto suceda.

Haz un dibujo de una playa de arena aquí.

Ponte a ti mismo en el dibujo.

Nombre_____

Rocas

Hace mucho tiempo la Tierra estaba cubierta de grandes rocas.

A lo largo de los años, el viento y el agua han descompuesto
muchas de estas grandes rocas en rocas menores.

Todavía podemos encontrar muchas grandes rocas si las buscamos.

Haz un dibujo de la roca más grande que jamás has visto.

¿Dónde la viste?

Nombre_____

Rocas de Hace Mucho Tiempo

¿Sabes que puedes aprender mucho sobre las plantas y los animales que vivieron hace tiempo si estudias ciertos tipos de piedras?

Algunas rocas tienen abolladuras o marcas dejadas por animales o por plantas que vivieron y murieron hace mucho tiempo.

Estas abolladuras o marcas se llaman <u>fósiles</u>.

Escribe esta palabra para que la recuerdes.

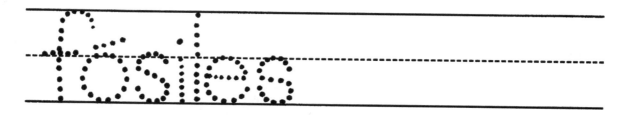

Nombre_____

Estudiando Rocas

Un <u>rockhound</u> es una persona quien
colecciona y estudia rocas.

Examina distintos tipos de roca.

Haz un dibujo de la roca más
interesante de la colección.

¡MI ROCA MÁS INTERESANTE! ¡MI ROCA MÁS INTERESANTE! MI ROCA MÁS INTERESANTE MI ROCA MÁS INTERESANTE MI ROCA MÁS INTERESANTE MI ROCA MÁS INTERESANTE

Nombre_____

Aire y Agua

El Aire Está Por Todas Partes . . .

¿Puedes ver el aire?

¿Puedes tocarlo?

¿Puedes oírlo?

El aire está por todas partes.

Está todo alrededor de ti.

Extiende los brazos y da vueltas.

¿Sentiste pasar la corriente de aire?

Haz un dibujo de ti mismo dando vueltas y sintiendo el aire.

Nombre_____

Un Experimento con Aire

1. Busca una pajita. Sopla por la
   pajita en tu mano. Sopla por la
   pajita en un vaso de agua.

   ¿Puedes sentir aire?

   ¿Puedes ver aire?

2. Infla un globo.

   Déjalo caer. ¿Qué sucedió?

   ¿Qué es lo que empujó al
   globo para que diera vueltas?

3. Pon una botella de refresco
   vacía en una gran olla de agua.
   Mira surgir las burbujas.

   ¿Qué es lo que hizo las
   burbujas?

Nombre_____

4. Coloca en una mesa una lata de jugo vacía. Trata de
    hacerla caer soplando. ¿Puedes hacerlo?

    Ahora . . . ata un globo al extremo de una pajita. Pon el
    globo en la mesa y coloca la lata encima.

    Sopla por la pajita en el globo.

    ¿Qué le pasó a la lata?

¿Ahora puedes contestar a
estas preguntas?

¿Dónde está el aire?

¿Puedes verlo?

¿Puedes sentirlo?

¿Puedes oírlo?

Nombre_____

Las Cosas Vivas Necesitan El Aire Limpio

Es importante para todas las cosas vivas tener aire limpio y fresco donde vivir y crecer.

Cuando las plantas y los animales viven en aire impuro, se ponen enfermos.

Llamamos el aire impuro aire <u>contaminado</u>.

Colorea el dibujo que muestra aire limpio y fresco.

Nombre_____

Elimina la Basura

La gente a veces causa la contaminación tirando botellas vacías, cajas y otros desperdicios en el jardín o por el borde de la carretera.

Este tipo de contaminación se llama <u>tirar basura</u>.

Da un paseo alrededor de tu casa o de tu colegio para ver cuánta basura encuentras.

A lo mejor puedes pedirles a las personas que paren de contaminar el sitio donde tú vives.

Haz una cruz en señales de contaminación.

Colorea el resto del dibujo.

Nombre_____

Tacha con una Cruz
la Contaminación del Aire

Haz una cruz en las cosas que causan la contaminación del aire.

Colorea los otros tres dibujos.

Nombre_____

Prevención de la Contaminación

Haz un dibujo de algo que puedes hacer
para prevenir la contaminación.

¡YO PUEDO AYUDAR A PREVENIR LA CONTAMINACIÓN!

Nombre_____

Colorea el Arco Iris

Cuando el sol brilla inmediatamente después de la lluvia, muchas veces se ve un arco iris en el cielo.

Este arco iris tiene seis colores.

Los colores del arco iris son rojo, naranja, amarillo, verde, azul y violeta.

Colorea el arco iris.

Nombre_____

Evaporación

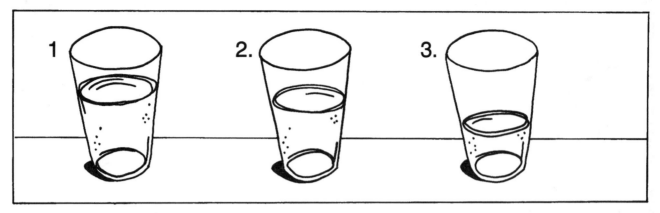

Estos dibujos cuentan una historia sobre el agua.

Cuentan lo que sucede al agua si queda abierta al aire por un largo rato

El dibujo 1 muestra un vaso de agua casi lleno.

El dibujo 2 muestra el vaso el día siguiente. Un poco de agua ha desaparecido.

El dibujo 3 muestra que aún más agua ha desaparecido el tercer día.

¿Adónde fue el agua?

¡El agua ha subido al aire!

Siempre que el agua cambia en vapor y sube al aire, decimos que evapora.

¡Qué palabra más grande!

Llena un vaso casi todo con agua.

Señala el nivel del agua con una goma elástica o una cinta adhesiva. Deja el vaso por varios días.

Cada día mira el agua para ver lo que ha pasado.

¿Desaparece cada día un poquito de agua?

Nombre_____

¿Disolver es lo Mismo que Desaparecer?

1. Aquí hay un pequeño vaso de agua.

2. Pon una cucharada de azúcar dentro.

3. Ahora lo removemos.

4. Saca la cuchara y mira el agua. ¿Puedes ver el azúcar? ¿Qué le pasó al azúcar?

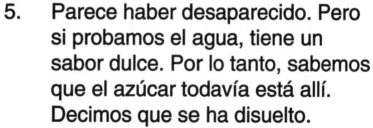

5. Parece haber desaparecido. Pero si probamos el agua, tiene un sabor dulce. Por lo tanto, sabemos que el azúcar todavía está allí. Decimos que se ha disuelto.

¿Puedes decir la palabra <u>disolver</u>? Escríbela.

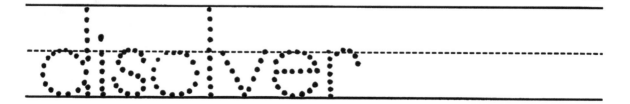

Nombre_____

Un Experimento con Agua y Hielo

Pon algunos cubitos de hielo en un vaso.

Trata de cubrir los cubitos con agua.
¡Ay! No quedan debajo del agua.
Constantemente suben. Flotan en
el superficie del agua.

¿Sabes por qué?

Los cubitos de hielo flotan en el agua
porque son más ligeros que el
agua.

¿Qué más cosas flotan en el agua?

Quizás puedes
experimentar con
algunos objetos en
un vaso de agua.

Nombre_____

Máquinas, Imanes y Electricidad

¿Cómo los Utensilios Hacen Más Fácil el Trabajo Duro?

¿Puedes nombrar todas las cosas en el dibujo?

¿Puedes decir cómo se utiliza cada cosa?

Todas estas cosas se llaman <u>utensilios</u>.

Los utensilios son máquinas sencillas que la gente utiliza
    para hacer más fácil el trabajo.

Haz un dibujo de otro utensilio que utilizas
    en casa o en el colegio.

Nombre_____

Ruedas

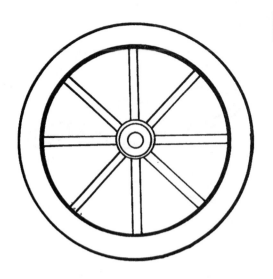

Esta es una <u>rueda</u>.

Es una máquina que les ayuda
a las personas.

Sería muy difícil montar en bicicleta
o conducir un carro sin ruedas.

Colorea el dibujo que muestra
cómo las ruedas ayudan a las
personas a mover.

Nombre_____

Ruedas Funcionando

Aquí hay algunos dibujos de
máquinas y utensilios.

Colorea aquéllos que utilizan
ruedas para que
funcionen.

Dibuja otra máquina
con ruedas.

Nombre_____

Utensilios de Granja

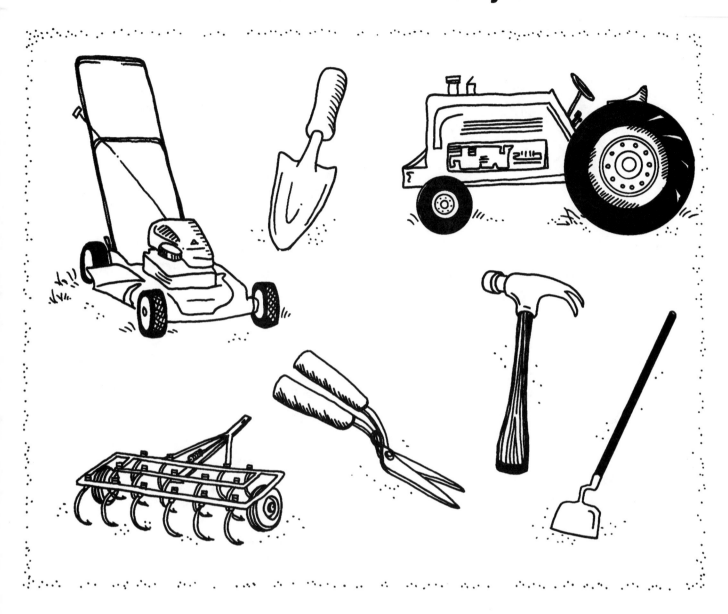

Distintos tipos de utensilios y máquinas se utilizan
 para cuidar las plantas.

Haz una cruz en los utensilios y máquinas que utiliza
 un granjero en los campos.

¿Sabes los nombres de todos estos utensilios y máquinas?

Nombre_____

Utensilios que Ayudan a Cuidar las Plantas

Dibuja un círculo alrededor del dibujo del utensilio que se utilizaría para cuidar las plantas.

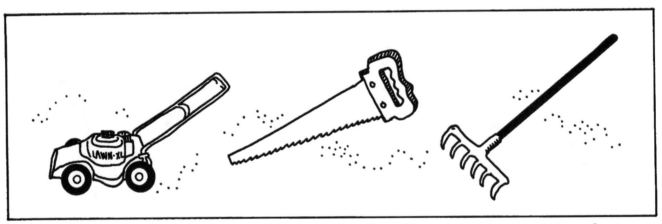

Haz una cruz en el dibujo del utensilio que no se utilizaría para cuidar las plantas.

Haz un dibujo de un utensilio que se está utilizando para cuidar las plantas.

Nombre_____

Experiencias de Ciencia Creativa 106

¿Qué Piensas?

¿Piensas que una chiquita puede levantar a dos chicos en un balancín?

Sí, es posible porque ella tiene una palanca para ayudarla.

El balancín es una palanca.

La chica se sienta en la parte larga del balancín.

Puesto que la parte suya del balancín es más larga y pesa más, ella puede levantarles a los chicos.

Tú puedes levantar a un adulto de la misma manera.

La parte larga del balancín donde tú estás, te ayudaría.

Nombre_____

Para Ti para que lo Pruebes

Pon una regla en un pequeño cubo - así:

Haz como si fuera un balancín.

Coloca objetos distintos en un extremo. Levántalos apretando el otro extremo con la mano.

¿Puedes levantar objetos con una regla?

¿Qué tipo de máquina sencilla es la regla cuando la utilizas de esta manera?

Escríbelo.

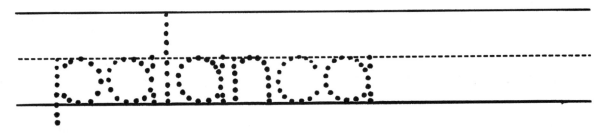

palanca

Nombre_____

¿Cuál Camión Va Más Rápido?

Esta tabla está encima de un pequeño bloque de madera.

Si el camioncito de juguete se coloca en la parte superior de la pendiente, bajará rodando.

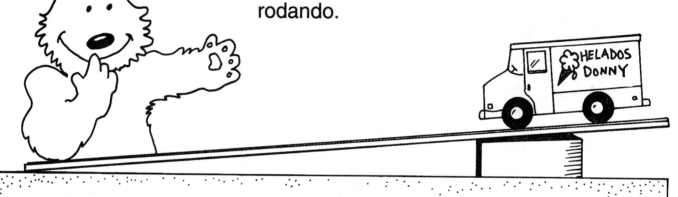

Esta tabla queda contra una silla.

Si el camioncito de juguete se coloca en la parte superior de la pendiente, bajará rodando.

Dibuja un círculo alrededor del camión que tú crees rodará más rápido.

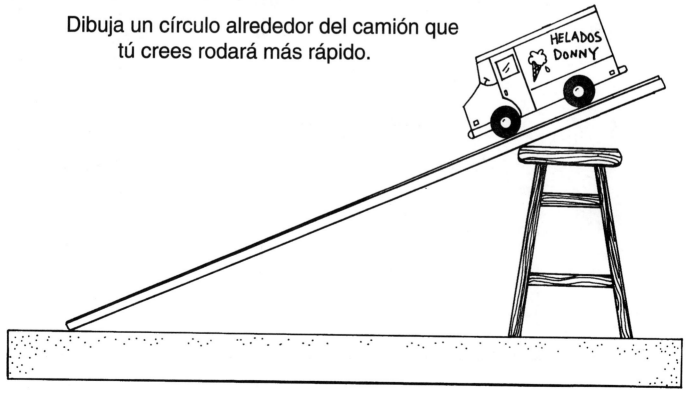

Nombre_____

Un Plano Inclinado

Si dijiste que el segundo camioncito rodará más rápido ¡tienes perfectamente razón!

La tabla está más alta, así que la pendiente es más empinada.

Una tabla que se utiliza como una máquina sencilla se llama un plano inclinado.

Un plano inclinado lo hace much más fácil subir y bajar.

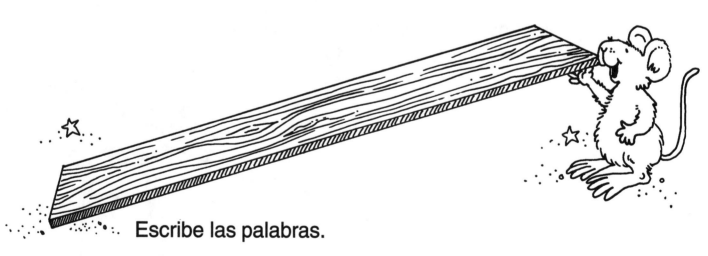

Escribe las palabras.

plano inclinado

Nombre_____

Da Un Gran Paso

¡Qué paso más grande!

Sólo un gigante lo podría dar con facilidad.

A LA CASA DEL GIGANTE

Un chico o una chica no podría subir al descanso sin ayuda.

Un plano inclinado puede ayudar.

Una escalera es un plano inclinado.

Dibuja otro plano inclinado que lo hará más fácil dar el gran paso.

"Fe Fi Foe Fum."

"¿CÓMO VOY SUBIR ESTO?"

JACK

¡EL SEÑOR GIGANTE TE DA LA BIEN VENIDA!

Nombre_____

Experiencias de Ciencia Creativa   111

Mueve la Caja

¿Cuál máquina podrían utilizar estos niños para ayudarles a mover la caja con mayor facilidad?

Sigue los puntos para saberlo.

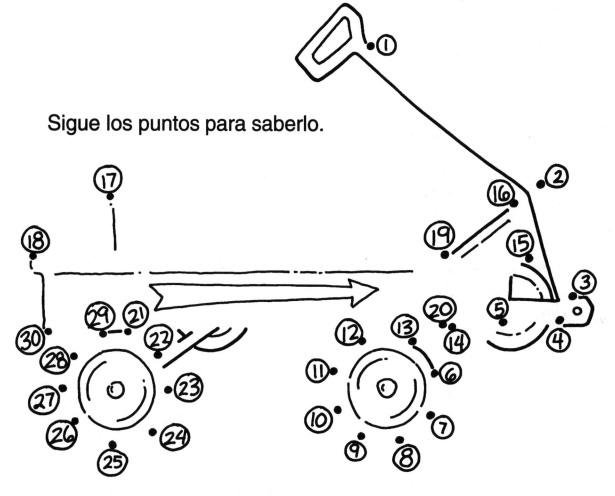

Nombre_____

Muchas Máquinas

Hay muchos tipos distintos de máquinas.

Colorea las máquinas en esta página.

Dibuja un círculo alrededor de las cosas que no son máquinas.

Máquinas Que Hacen Más Fácil El Trabajo

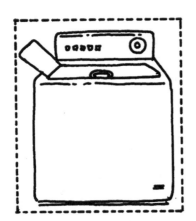

Recorte los dibujos y pega cada uno en la casilla correcta para mostrar cómo una máquina podría hacer más fácil el trabajo de una persona.

¡Menos Mal Que Tenemos Las Máquinas!

Mira por el cuarto y busca una máquina que hace más fácil la vida.

Escoge una de las máquinas.

Haz un dibujo que muestra cómo tú tendrías que hacer el trabajo de esta máquina si la máquina nunca hubiera sido inventado.

Nombre_____

¿Puedes Ver La Electricidad?

La electricidad está todo alrededor de nosotros.

Está en el aire, está en la tierra y está en las cosas que tocamos.

Pero no la podemos ver.

Sólo podemos ver lo que hace.

Colorea las cosas en el dibujo que
necesitan electricidad para funcionar.

¿Puedes pensar algo más que puede hacer la electricidad?

Nombre_____

Cómo Nos Ayuda La Electricidad

La electricidad nos da luz.

La electricidad da energía para utensilios y máquinas.

La electricidad da energía para los televisores, teléfonos, radios, telégrafos y radar.

La electricidad hace mover los objetos.

La electricidad nos da calor.

Nombre_____

Energía Eléctrica

¿Sabes qué cosas funcionan con electricidad?

Haz un dibujo alrededor de cada cosa
que funciona con electricidad.

Nombre_____

Imanes

Un imán es una piedra o un pedazo de metal que puede atraer las cosas hacia él.

Los imanes pueden tirar o atraer o levantar sólo aquellas cosas que tienen los metales hierro, níquel o cobalto.

Haz un círculo alrededor de las cosas que tú piensas un imán podría atraer.

Coloréalas.

Nombre_____

Este Es Mi Mundo

Has estado estudiando el mundo y el lugar que tú ocupas en el mundo.

Haz un dibujo de tu mundo.

Asegúrate de incluir plantas y animales, cielo y tierra y algunas otras cosas que aprendiste en este libro.

Y sobretodo, ¡no olvidas de dibujarte a TI MISMO!

Nombre_____

Apéndice

Ponte A Prueba

Haz una cruz en el dibujo que muestra un utensilio.

Dibuja un círculo alrededor de la mascota que es un mamífero.

Colorea el animal que salió del cascarón.

Dibuja un círculo de puntos alrededor del dibujo que muestra invierno.

Haz una línea debajo del dibujo del objeto que funciona con electricidad

Dibuja una línea de puntos debajo del dibujo que muestra pigmento.

Nombre_____

¿Qué Has Aprendido?

Dibuja un círculo alrededor del dibujo que muestra un insecto.

Haz una cruz en el dibujo que muestra noche y día.

Colorea el dibujo que muestra un imán.

Dibuja una línea debajo del dibujo que muestra una palanca.

Dibuja un círculo de puntos alrededor del dibujo que muestra semillas.

Nombre_____

Las Respuestas . . . ¡Chequea Las Tuyas!

Vocabulario Para La Ciencia

Cosas vivas

Cosas no vivas

Plantas

Animales

Aire

Agua

Luz del sol

Flores

Vegetales

Tallos

Raíces

Hojas

Flores

Semillas

Gajos

Bulbos

Experimentos

Salir del cascarón

Mamífero

Granja

Mascota

Parque zoolólogico

Insecto

Comer

Huevo

Hábitat

Cuerpo humano

Corazón

Ejercicio

Descansar

Dormir

Creciendo

Cambiando

Piel

Proteger

Pecas

Nombre_____

Vocabulario Para La Ciencia

Virus	Invierno
Esqueleto	Otoño
Huesos	Primavera
Cerebro	Estación
Pulso	Espacio
Sano	Ruedas
Cuidar	Luna
Bostezar	Estrella
Estornudar	Máquinas
Poros	Imanes
Diafragma	Electricidad
Sangre	Flotar
Tierra	Disolver
Cielo	Palanca
Roca	Contaminación
Noche	Basura
Día	Evaporar
Luz	Arco Iris
Verano	Fósil

Nombre_____